BEI GRIN MACHT SICH
WISSEN BEZAHLT

Die Marx Brothers im Krieg. Eine Analyse von "Duck Soup"

G R I N ☺

Bibliografische Information der Deutschen Nationalbibliothek:

Die Deutsche Nationalbibliothek verzeichnet diese Publikation in der Deutschen Nationalbibliografie; detaillierte bibliografische Daten sind im Internet über http://dnb.d-nb.de abrufbar.

ISBN: 9783346753762
Dieses Buch ist auch als E-Book erhältlich.

Druck und Bindung: Books on Demand GmbH, Norderstedt Germany
Gedruckt auf säurefreiem Papier aus verantwortungsvollen Quellen

Das vorliegende Werk wurde sorgfältig erarbeitet. Dennoch übernehmen Autoren und Verlag für die Richtigkeit von Angaben, Hinweisen, Links und Ratschlägen sowie eventuelle Druckfehler keine Haftung.

Das Buch bei GRIN: https://www.grin.com/document/1276198

Ruhr Universität Bochum
Institut für Theaterwissenschaft
Seminartitel: The Lost Book - Resümee
Sommersemester 2022

,*Duck Soup*'

„Die Marx Brothers im Krieg"

- Eine Analyse-

Inhalt

A. Einleitung 3

B. Wer waren die Marx Brothers? 3

C. Welche Filme wurden mit den Marx Brothers gedreht? 6

D. Der Versuch einer kurzen Inhaltsangabe. 6

E. Komiktheorien, Komikkategorien und andere Diskurse 8

    1. Repetition und Variation 8

    2. Bergsons Theorie des ‚Lachens mit kaltem Herzen'. 9

    3. Spiel im Spiel. 10

    4. Der Horror - das Groteske 14

    5. Die Parodie -die Persiflage -die Satire 15

    6. Tit for Tat 17

    7. Dada – Surrealismus - Farce 18

F. Welche Bedeutung hat der Filmtitel? 20

G. Welche Bedeutung hat die Musik in Duck Soup? 20

H. Revival 21

I. Erneute Aktualität 23

    1. Gemeinsamkeiten zwischen Rufus T. Firefly und Donald J. Trump: 23

    2. Analogie des Filmes zwischen Botschafter Trentino und Wladimir Putin: 24

J. Grouchos Meinung zum Film: 25

K. Zusammenfassung 26

Literaturverzeichnis 30

Anhänge

Anhang 1 : Die Filme der Marx Brothers 27

Anhang 2: Besetzungsliste 28

Anhang 3 : Andere Nutzungen des Filmtitels 28

Anhang 4: Musikliste 29

Anhang 5: ‚Film as Art' – Daniel Griffin's Guide to Cinema 29

A. Einleitung

Vor kurzer Zeit ist ein neues Emoji eingeführt worden, dass die Bedeutung : ‚eine Maske tragen' haben soll. Seine hervorstehenden Kennzeichen sind: die Augenbrauen , die Brille und der Schnauzbart. Es fehlt nur noch die Zigarre, die wohl dem Zeitgeist zum Opfer gefallen ist, und wir haben das Portrait von Groucho Marx. Es gibt auch eine große Anzahl von Variationen, z. B. als Karnevalsmaske und als T-Shirt. Es stellt sich die Frage, warum 45 Jahren nach seinem Tod sein Aussehen so erkennbar ist, dass es für vielfältige Zwecke verwendet werden kann..

Dieser Frage und noch einigen anderen, möchte ich in dieser Arbeit nachgehen und versuchen, den wohl bekanntesten Film der Marx Brothers : ‚Duck Soup' (Die Marx Brothers im Krieg) zu analysieren und eine Einordnung in die Geschichte der Filmkunst zu erstellen .

B. Wer waren die Marx Brothers?

Um dem Phänomen näher zu kommen, ist zunächst zu klären, welchen Personen zu der Gruppe gezählt werden können.

Ein Bild [1] in Arces Buch zeigt alle damals noch lebenden Brüder auf dem Set zu Duck Soup 1933. ‚Lebend', weil der erstgeborene Sohn Manfred, der Eltern Sam Marx (aus dem Elsass stammend) und Minnie Schönberg (aus Dornum in Ostfriesland), bereits im Kindesalter vor der Geburt des 2. Sohnes verstorben ist. In der Familie wurde übrigens, vor allem mit dem Vater und den Großeltern , ‚Plattdeutsch' gesprochen.

➢ Demnach gilt im allgemeinen Sprachgebrauch Leonard Marx (geb. 22. März 1887, gest. 11. Oktober 1961) als der älteste der Brüder. Trotz anfänglichen Abneigungen gegen das Üben[2] erlangte er spezielle Fähigkeiten beim Beherrschen des Klaviers, so dass in vielen der Filme eine Sequenz eingebaut war, die es ihm möglich machte, seine Kunst zu demonstrieren. Er erhielt übrigens den Spitznamen ‚Chico'.

---

[1] Arce, Hector: *Groucho*, New York, 1979; https://www.bridgemanimages.com/de/noartistknown/la-soupe-au-canard-duck-soup-de-leomccarey-avec-les-marx-brothers-de-haut-en-bas-groucho-marx-zeppo/nomedium/asset/1706818 (abgerufen am 13.4.2022).
[2] Marx, Groucho: *Groucho and me*, New York, 1959, 1995, S. 32.

> - Adolph Marx (geb. 23. November 1888, gest. 28. September 1964) war der zweite der Brüder. Es gibt Differenzen über seinen Vornamen. Er schreibt selbst in seiner Autobiografie, dass er den Namen ‚Adolph‘[3] erhielt. Kurz vor dem 1. Weltkrieg änderte er, als Folge der wachsenden Deutschfeindlichkeit, seinen Namen, so dass er allgemein als ‚Arthur‘ bekannt war[4]. Dieser war aber wohl in der Familie nicht gebräuchlich. In einem Brief Grouchos vom 18.9.1964 (10 Tage vor seinem überraschendem Tod nach einer Herzoperation) schreibt Groucho in der Anrede: ‚Lieber Adolph‘[5].
> Adolph hatte nur eine sehr kurze Schulausbildung von ca. 2 Jahren und hat sich später das Lesen und Schreiben selber beigebracht. Da die Art und Weise, wie er seine Sätze auf der Bühne sprach mehrfach kritisiert wurde[6] ging er schon bald dazu über, sich auf Pantomime zu spezialisieren und hat daher in keinem der Filme je ein Wort gesprochen (jedenfalls offiziell). Schon in der Jugend begann er mit dem Spielen der Harfe seiner Großmutter[7], wobei Jahre später, während einer der Bühnentourneen ihm seine Mutter eine gebrauchte Harfe, die sie für $45,- gekauft hatte[8] sandte und Adolph die Harfe danach in die Auftritte einbezog. In den meisten Filmen ist neben der Klavierszene auch eine Szene mit Harpo eingegliedert. Wenn Harpo spielte, schien es sich um zwei verschiedene Personen zu handeln, einmal den Clown und Komiker, das andere Mal den ernsthaften Musiker an seiner Harfe[9]. Dies betont er auch in seiner Autobiografie, die den angemessenen Titel: ‚*Harpo speaks*‘ trägt. Er musste täglich üben, um seine Finger zu härten, da sie ansonsten anfingen zu bluten, wenn er die Seiten spielte[10].
> - Der nächste Sohn erhielt den Namen: Julius Henry Marx (geb. 2. Oktober 1890, gest. 19. August 1977). Eigentlich wollte er Arzt werden, aber die Armut zwang ihn dazu, die schulische Ausbildung zu beenden. Zeit seines Lebens war er ein besessener Leser und

---

[3] Marx, Harpo: *Harpo speaks*, London, 1976, S. 11.
[4] Arce, Hector: *Groucho*, New York, 1979, S. 83.
[5] Marx, Groucho: *The Groucho letters*, London, 1974, S. 54.
[6] Les Marsden in https://pippiroo-blog.tumblr.com/post/10134556258/harpo-adolpharthur-marx (abgerufen am 18.4.2022).
[7] Marx, Groucho: *Groucho and me*, New York, 1959, 1995, S. 30.
[8] Marx, Harpo, *Harpo speaks*, London, 1976, S. 125.
[9] "The one running around and nuts, that's the other guy. The one that sits down and plays the harp, that's me." Harpo speaks‘, London, 1976, S. 125f.
[10] Marx, Maxine: *Growing up with Chico*, Englewood Cliffs, New Jersey, USA, 1980, S. 39.

später auch Autor mehrerer Bücher. Er ging mit 15 Jahren als erster ins Showbusiness, und zwar als Sänger. Wegen seines scharfen, schnellen Witzes und seinem speziellem Gang wurde er zu ‚Groucho'.

➢ Der folgende Sohn war Milton Marx (geb. 23. Oktober 1892 oder 1893, gest. 21. April 1977), der aber auf Dauer keinen großen Gefallen an der Schauspielerei gefunden hat und nach seinem Militärdienst während des 1. Weltkrieges, die Truppe 1918[11] verließ, um kaufmännisch tätig zu werden. Er erhielt, vermutlich wegen seiner Vorliebe für Schuhe mit Gummisohlen, den Spitznamen Gummo.

➢ Und als Nachkömmling wurde dann noch Herbert Marx (geb. 25. Februar 1901, gest. 29. November 1979) geboren. Zeppo, dessen Namensursprung nicht mehr geklärt werden kann[12]. Alle diese Spitznamen (mit Ausnahme Zeppos, der zu diesem Zeitpunkt noch zu jung war, um in den Akt mit einbezogen zu werden), entstanden während eines Pokerspiels[13]. Zeppo war erst in späteren Jahren Teil des Teams in das er nach dem Austreten Gummos als ‚Ersatz' eintrat. Er war der sog. ‚Straight Man', also der Liebhaber und derjenige, dessen Anteil der ruhigere Part der Brüder war, aber die Beschränkung auf diese Rolle und die fehlende Chance sich gegen die drei exzentrischen Brüder in einer größeren Rolle zu behaupten, ließ ihn zu dem Schluss kommen, dass eine schauspielerische Karriere nicht das richtige für ihn sei und so wechselte er nach ‚Duck Soup' in die Wirtschaft und war unter anderem, zusammen mit Gummo als Schauspielagent auch für die Brüder, tätig.

➢ Margaret Dumont war von 1929 bis 1941 an sieben der dreizehn Filme der Marx Brothers beteiligt und spielte die ‚straight woman' zu Grouchos Rollen. Fast immer verliebt in ihn, aber ständig von ihm beleidigt oder lächerlich gemacht, wurde sie auch als ‚5. Marx Brother' bezeichnet. Wie Groucho bemerkte, verstand sie einfach seine Witze nicht und fragte, worüber die Leute denn lachen würden, obwohl diese Meinung

---

[11] Marx, Maxine: *Growing up with Chico*, Englewood Cliffs, New Jersey, USA, 1980, S. 38; Ellis, Allen W.: *Yes, Sir: The Legacy of Zeppo Marx*, The Journal of Popular Culture, Vol. 37, No.1, 2003, S.15f.   .
[12] Ellis, Allen W.: *Yes, Sir: The Legacy of Zeppo Marx*, The Journal of Popular Culture, Vol. 37, No.1, 2003, S.16.
[13] Marx, Harpo: *Harpo speaks*, London, 1976, S. 132.

auch als Witz gedacht sein kann. Oft war sie auch das Opfer der Brüder bei ihren außerfilmischen Streichen.[14]

C. Welche Filme wurden mit den Marx Brothers gedreht?

Eine Liste der Filme (Anhang 1) zeigt deutliche Trennlinien. Die ersten 5 Filme einschließlich ‚Duck Soup' wurden für Paramount gedreht und bestanden, vor allem die beiden ersten Filme, aus den Stücken, die sie mit großem Erfolg am Broadway gespielt hatten. Die folgenden drei Filme waren neues Material. Nach ‚Duck Soup' lief der Vertrag mit der Paramount aus und über Chico, der mit Irving Thalberg (1899-1936) befreundet war, schlossen sie einen neuen Vertrag mit MGM ab. Nach dem frühen Tod Thalbergs entstanden Probleme bei MGM., da der Vorsitzende der Firma Louis B. Mayer mit dem Humor der Marx Brothers nichts anfangen konnte[15]. Die beiden ersten Filme für MGM hatten Sam Wood als Regisseur, mit dem die Brüder große Schwierigkeiten hatten. Danach wechselten die Regisseure aber keiner konnte mit seinen Filmen an die Anfangserfolge anknüpfen. Vor allem waren die Autoren nicht mehr so gut, wie die früheren Drehbuchschreiber und damit ließ auch die Qualität des Materials und der Witze nach. Die letzten beiden Filme, vor allem der letzte, wurden wohl nur noch gedreht, um bei Chicos großen Spielschulden eine Hilfe zu sein. Im letzten Film gelang es dem Regisseur dessen Namen ich hier nicht nennen möchte, keine einzige Szene mit allen drei Brüdern zusammen, zu Stande zu bringen.

D. Der Versuch einer kurzen Inhaltsangabe.

Es geht um die Geschichte des Kleinstaates Freedonia und seines Nachbarn ‚Sylvania'. Freedonia ist bankrott und die Witwe des früheren Präsidenten hat bereits die Hälfte des geerbten Vermögens für den Haushalt des Staates zur Verfügung gestellt. Nun bittet die Regierung um weitere 20.000.00 , um die Steuern senken zu können. Die Witwe, Mrs. Teasdale, willigt unter der Bedingung ein, dass ihr Favorit, Rufus T. Firefly (Groucho) die Regierungsgewalt

---

[14] Adamson, Joe: *Groucho, Harpo, Chico and sometimes Zeppo*, New York, 1974, S. 74
[15] Marx, Maxine: *Growing up with Chico*, Englewood Cliffs, New Jersey, USA, 1980, S. 116; Arce, Hector: *Groucho*, New York, 1979, S. 278 ; https://www.britannica.com/topic/Marx-Brothers (abgerufen am 30.4.2022).

übernimmt. Dies geschieht und Firefly wird als neuer Präsident eingesetzt, zu dessen Ehren ein großer Empfang veranstaltet wird .

Gäste sind unter anderem der Botschafter Sylvanias, Trentino und die Tänzerin Vera Marcal, von denen sich schnell herausstellt, dass sie Pläne schmieden, die Macht und den gesamten Staat zu übernehmen und nach Sylvania einzugliedern. Ein Versuch eines Aufstandes ist bereits gescheitert und nun will Trentino den, wie er meint einfacheren Weg gehen, und Mrs. Teasdale heiraten. Die hat aber nur Augen für Groucho der durch seinen Sekretär (Zeppo) angekündigt wird. Mit einem pompösen Auftritt der Garde und eines Balletts soll er begrüßt werden nutzt aber einen anderen Weg (eine Rutschstange), um auf dem Empfang zu erscheinen. Er wird mit Trentino und Vera bekannt macht und beleidigt sogleich alle Anwesenden. Außerdem nutzt er die Gelegenheit, Die Regeln seiner Regierung bekannt zu machen, um sie gleich als gegenstandslos zu zeigen.

Die Handlung spielt nun weiter in Sylvania, wo Chico und Harpo sich als Spione im Dienste Trentinos herausstellen, die ihm über ihre Erfolge, bzw. Misserfolge der letzten Woche berichten und mit einem neuen Auftrag nach Freedonia geschickt werden. Groucho hat in der Zwischenzeit sein Kabinett genervt und den Kriegsminister zum Rücktritt bewogen. Chico und Harpo stehen mit einem Erdnuss-Stand vor dem Gebäude und legen sich mehrfach mit einem Limonaden-Verkäufer an, der seinen Wagen daneben abgestellt hat.

Groucho ernennt Chico zum neuen Kriegsminister. Groucho verlegt seine Aktivitäten zu einer Teegesellschaft, die Mrs. Teasdale gibt und bei der seine Einladung von Vera Marcal verhindert worden war, damit Trentino der Gastgeberin den Hof machen könne. Das Zusammentreffen der beiden gipfelt in Beleidigungen Grouchos durch Trentino, der ihn daraufhin mit dem Handschuh ohrfeigt.

Chico und Harpo treffen erneut auf den Händler und tauschen Streiche aus.

Groucho, der Übernachtungsgast bei Mrs. Teasdale ist, übergibt ihr die Kriegspläne Freedonias. Chico und Harpo wollen diese an sich bringen und dringen zu diesem Zweck mit Hilfe Veras in Mrs. Teasdales Villa ein, was zu der berühmten Spiegelszene führt.

7

Nachdem Chico gefangen wurde, steht er vor Gericht, bei dem Groucho zuerst als Richter, dann aber als Verteidiger fungiert. Trentino will auf Bitten von Mrs. Teasdale hin, nochmals versuchen sich mit Groucho zu versöhnen. Dieser ist Anfangs auch bereit dazu, überredet sich aber selbst, zu der Ansicht, dies wäre eine Falle. Alle Anwesenden brechen in einen hymnischen Lobgesang auf den Krieg aus.

Damit besteht ein Kriegszustand zwischen den beiden Staaten, der sich aber hauptsächlich, um das Hauptquartier Grouchos herum abzuspielen scheint. Es ergeben sich zahlreiche Zwischenfälle, Groucho schießt auf seine eigenen Truppen, Harpo setzt unbeabsichtigt ein Lager mit Zündern in Brand, Groucho ruft telefonisch um Hilfe und es scheinen sich Massen an verschiedenen Menschen und Tieren aufzumachen, Groucho wechselt bei jedem Auftreten seine Uniform von amerikanischem Unabhängigkeitskrieg zu Mexikanischem Krieg, zur Napoleonik, zum Bürgerkrieg, um bei der Uniform Freedonias zu enden. Selbst Mrs. Teasdale greift zur Waffe.

Abschließend wird Trentino beim Sturm auf das Hauptquartier mit Truppen gefangen genommen und mit Obst beworfen. Als Mrs. Teasdale erneut in die Nationalhymne Freedonias ausbricht, wird auch sie zum Opfer des Obstes.

E. Komiktheorien, Komikkategorien und andere Diskurse

Dies ist die Suche nach Regeln im Chaos. Einige überschneiden sich, andere sind mit der Zeit zu regelrechten philosophischen Gedankengebäuden erweitert worden, die in diesem Rahmen nur angerissen werden können.

1. Repetition und Variation

Die Repetition ist von Bergson als ‚eine Kombination von Umständen, die mehrere Male unverändert wiederkehren' definiert. Allerdings wiederholen sich Sequenzen in diesem Film nicht ohne Veränderungen. Daher könnten sich scheinbar wiederholenden Sequenzen des Films in die Kategorie ‚Variation ' einordnen. ꜰ, ⁺ᵗ Zuschauer haben eine Erwartung an das, was sie

8

sehen – durch das, was sie schon gesehen haben. Diese Erwartung nicht zu bedienen wäre ein Fehler, ebenso wie sie nur zu erfüllen"[16]. Eines der wenigen Beispiele aus diesem Film ist der wiederkehrende Ruf nach ,*His Excellency's car'*. Mit großem Fanfarenklang und Aufmarsch der Garde wird der Wagen angefordert, der sich dann aber als Motorrad mit Seitenwagen herausstellt. Harpo ist der Fahrer. Bei den ersten beiden Versuchen, mit diesem Gefährt und diesem Fahrer ein Ziel zu erreichen, löst sich der Seitenwagen und Harpo fährt nur mit dem Motorrad davon. Beim dritten Mal scheint Groucho seinen Lehren daraus gezogen zu haben, setzt sich auf das Motorrad und verweist Harpo in den Seitenwagen. Aber nun fährt dieser davon und lässt Groucho auf dem Motorrad verdutzt zurück. Damit ist die Wiederholung zu einer neuen Abfolge variiert worden.

Größere Bedeutung haben die drei Treffen von Groucho mit Trentino, bei denen Beleidigungen ausgetauscht werden und Groucho den Botschafter mit einem Handschuh ohrfeigt (eine mittelalterliche Geste, um jemanden zum Duell herauszufordern), die letztendlich zum Krieg führen. Beim letzten dieser Treffen, überzeugt Groucho sich selbst in einem Monolog, dass Trentino nicht zur Aussöhnung bereit wäre, was aber nicht der Fall ist. Sozusagen eine Selbstsuggestion.

Eine weitere ständige Wiederholung sind der Umgang Harpos mit einer Schere, der alles abschneidet, was ihm in den Weg kommt, von der Schreibfeder Grouchos über die Helmfedern der Soldaten zu den Rockschößen Trentinos. Diese Handlungen sind aber zu weitläufig über den Film verteilt und machen einen großen Teil von Harpos entwickeltem, dargestelltem Typen aus, als dass ich sie hier alle aufzeigen könnte.

2. Bergsons Theorie des ,Lachens mit kaltem Herzen'

Bergsons Theorie des ,Lachens mit kaltem Herzen' ist in der Schluss-Sequenz des Films interpretiert worden, durch die Gefangennahme Trentinos und seine darauffolgende Behandlung durch alle Marx Brothers. Ich vermute, dass sich niemand finden wird, der über Trentinos Schicksal betrübt ist.

---

[16] https://filmschreiben.de/standardsituationen-und-wie-daraus-unvergessliche-filmszenen-werden-teil-1/ (abgerufen am 30.4.2022).

3. Spiel im Spiel

Unter diese Kategorie ist wohl am besten die bekannteste Szene des Films, die ‚Spiegelszene' einzuordnen.

Wie aus der Inhaltsangabe bekannt, dringen Chico und Harpo in Mrs. Teasdales Villa ein und sollen möglichst leise versuchen, die Kriegspläne zu entwenden. Dabei kommen ihnen allerdings ein Flügel, die einzige Anspielung auf die, sonst in den Filmen der Marx Brothers dargebotenen musikalischen Intermezzi, ein scheinbar unkaputtbares Radio, die einzige Ente, die im Film mitwirkt, und Groucho in die Queere.

Harpo (in der Maske Grouchos) und Groucho spielen diese Szene, die wahrscheinlich in dieser Perfektion nur von den Marxens performt werden konnte. Sie sind sich einfach so ähnlich, dass die Beiden kaum zu unterscheiden sind.

Für diese Szene wurden vielfältige Interpretationsmöglichkeiten gegeben, wobei ich bei der Recherche auf Jaques Lucans ‚Spiegelbühne' [17] gestoßen bin. Diese psychoanalytische Theorie veranschaulicht, wie der Mensch seine Identität durch das Erkennen des Spiegelbildes gewinnt[18].Alenka Zupančič meint dazu:

> „Die Komödie besteht nicht einfach darin, dass das imaginäre Eine auseinanderfällt, in
> die Vielheit oder in zwei, sondern beginnt erst in dem Moment, in dem wir sehen, wie
> diese beiden sich gerade nicht trennen oder ganz trennen können und einfach aus "zwei"
> - Einsen werden. Es gibt so etwas wie einen unsichtbaren Faden, der sie immer wieder

---

[17] Im englischen Original wird der Ausdruck ‚para-site' verwendet, der nicht zu übersetzen ist. Zusammengezogen könnte man an ‚Parasit' denken, auch eine Interpretationsmöglichkeit. Deepl bot ‚Spiegelbühne' an. Diesen Begriff habe ich verwendet, da er mir auch angemessen für die Situation eines ‚halben' Wirkenden erschien. Die Definition des Wortes ‚para' als ‚bei ‚neben' war auch nicht zielführend. https://www.dwds.de/wb/para- (abgerufen am 28.3.2022).
[18] Hui, Isaac: The Comedy of the "Para- site" *Duck Soup, Volpone and* Hamlet, in: The Comparatist , Vol. 40 (OCTOBER 2016),University of North Carolina Press, S.170.

miteinander verbindet, und dieser Faden ist es, der das wahre Objekt der Komödie ausmacht"[19].

Einer der Gründe, warum die Spiegelszene der Marx Brothers komisch ist, liegt daran, dass Firefly (Groucho) die Illusionen aufrechterhalten will, aber die Zuschauer wissen, dass es nur eine Illusion ist. Groucho ist so fasziniert von diesem Spiegelbild, dass es die Kontrolle übernehmen kann. Die Zuschauer mögen vielleicht über Grouchos Motive spekulieren. Am Anfang dieser Szene kann man ohne Weiteres davon ausgehen, dass Groucho dieses Spiegelobjekt (Harpo) herausfordern will und versucht zu entlarven, dass es eine Fälschung ist. Allerdings wird die Situation jedoch im weiteren Verlauf der Szene komplexer. Groucho geht nicht nur in den Spiegel und Harpo aus ihm heraus, ersterer hebt sogar den Strohhut auf, wenn letzterer diesen auf den Boden fallen lässt. Das Publikum könnte durchaus vermuten, dass Groucho begonnen hat, an die „Echtheit" dieses Bildes zu glauben. Als Zuschauer werden wir jedoch auf die inneren Ungereimtheiten des Films aufmerksam gemacht. Wir sind uns bewusst, dass Groucho, wenn er vor dem „Spiegel" zu singen und zu tanzen vorgibt, er herumwirbelt, während Harpo stillsteht. Außerdem sehen wir, dass Harpo einen schwarzen Hut hält, während Groucho einen weißen hält (letzterer scheint sich dessen bewusst zu sein, will diese Illusion aber nicht durchbrechen, sondern sein Ebenbild weiter testen). Chico wird ertappt, weil sein Auftritt die Illusion zerstört und damit die Komik der Spiegelszene. Mit anderen Worten: Chico schafft einen dritten Raum, der das Funktionieren der „Spiegelbühne" unterbricht[20].

Während Groucho das Oberhaupt von Freedonia zu sein scheint, kann er leicht in Chico und/ oder Harpo verwandelt werden. Je mehr eine Person an ihr Bild und ihre Worte glaubt, desto mehr ist er/sie entfremdet und gespalten. Die Marx Brothers demonstrieren die Macht von Bild und Bedeutung in dieser Szene[21].

---

[19] Zupančič, Alenka. *The Odd One In: On Comedy*. Cambridge: MIT Press, 2008, zitiert in : Hui, Isaac: The Comedy of the "Para- site" Duck Soup, Volpone, *and* Hamlet, in: The Comparatist , Vol. 40 (OCTOBER 2016),University of North Carolina Press, S.182.

[20] Hui, Isaac: *The Comedy of the "Para- site" Duck Soup, Volpone, and* Hamlet, in: The Comparatist , Vol. 40 (OCTOBER 2016),University of North Carolina Press, S.182f.

[21] Hui, Isaac: *The Comedy of the "Para- site" Duck Soup, Volpone, and* Hamlet, in: The Comparatist , Vol. 40 (OCTOBER 2016),University of North Carolina Press, S.183.

Bergson macht einen klaren Unterschied zwischen Mensch und Maschine/Puppe. In seinen Worten ist etwas komisch, wenn es kein Leben mehr gibt, sondern einen „Automatismus, der sich im Leben etabliert und es nachahmt" Er argumentiert:

„Jemanden nachahmen, heißt den Teil Automatismus herausstellen, den er in seiner Person sich hat einnisten lassen. Und dadurch muss er nach unsrer Definition komisch werden. Dass die Nachahmung uns zum Lachen bringt, ist also gar nichts Sonderbares"[22].

Im Beispiel der Spiegelszene kann man vielleicht Groucho als den Menschen und Harpo als die Puppe sehen, die die Handlungen des Menschen imitiert. Deshalb ist Groucho lächerlich, weil er es zulässt, dass die mechanische Seite (Harpo als Puppe) „sich in seine Person einschleicht". Lacans Theorie kann uns jedoch etwas anderes lehren in Bezug auf die Komödie. Vielleicht impliziert die Existenz der „Para-Site", dass die Nachahmung bereits ein Teil des Lebens ist, und es gibt keine einfache Unterscheidung zwischen Leben und Puppe/Maschine. In der Spiegelszene sollte die Idee der Nachahmung nicht als eine einfache aktive und passive Beziehung gesehen werden. Im weiteren Verlauf der Szene gibt es bestimmte Gelegenheiten, bei denen es für Harpo einfach unmöglich ist, Groucho zu imitieren (und er ist dennoch in der Lage dies zu tun). So kann Harpo beispielsweise Grouchos Handlungen auch dann vorhersehen, wenn dieser sich außerhalb des Spiegelrahmens befindet. Außerdem lässt die Tatsache, dass Groucho in den Spiegel hinein- und Harpo aus ihm herausgeht, ihre Beziehung ebenfalls zweideutig erscheinen. Schließlich gibt es im weiteren Verlauf der Szene einen bestimmten Moment, in dem Harpo tatsächlich vor Groucho handelt (z. B. als dieser seinen Strohhut anlegt). Daher ist es nicht einfach, damit zu argumentieren, dass Groucho der Mensch ist und Harpo der Automatismus, der den Menschen imitiert. Vielleicht ist Harpo sogar derjenige, der dazu beiträgt, die mechanische Seite, die bereits in Groucho steckt, zum Vorschein zu bringen. Es gibt keine Identität ohne Nachahmung[23].

Adamson bietet in seinem Buch: ‚*Groucho, Harpo, Chico and sometimes Zeppo'*, eine andere Interpretation an. Nach dem Versuch, mit Harpos speziellem Motorrad zu Mrs. Teasdales Party

---

[22] Bergson, Henri: *Das Lachen*, Jena, 1914, Kapitel 1.
[23] Hui, Isaac: *The Comedy of the "Para- site" Duck Soup, Volpone, and Hamlet*, in: The Comparatist , Vol. 40 (OCTOBER 2016),University of North Carolina Press, S.186f.

zu fahren, erklärt er: „*This ist he fifth trip I have made today, and I haven't been anywhere yet:*" (das ist die fünfte Fahrt, die ich heute gemacht habe und ich bin noch nirgendwo gewesen). Wenn er also heute noch nirgendwo war, dann war er auch nicht im Palast, dem Regierungssitz. Chico behauptet, dass er nicht da wäre, als er den Telefonanruf beantwortet. Sie haben sich demnach also nie getroffen![24]

In der Spiegelszene nun, ist Groucho offensichtlich in einem Raum mit einer anderen Person. Mit zunehmender Dauer ergeben sich Ungleichheiten und beide Figuren verlassen ihre jeweilige Seite und gehen umeinander her. Dennoch geht die Spielerei mit dem ‚Ebenbild' weiter. Groucho hat einfach mehr Spaß an dem Spiel, als er mit einer Verhaftung Harpos hätte. Groucho ist intelligent genug, um zu wissen, dass die Dinge nie so sind, wie sie zu sein scheinen. Harpo scheint eine reale Person zu sein, also nimmt er an, dass Harpo dies nicht sein kann. Harpo hat sogar einige Möglichkeiten, weg zu rennen und sich zu verstecken, aber er scheint das Gefühl zu haben, dass er bleiben muss, um Groucho bei Laune zu halten. Das könnte immer so weiter gehen. Egal, welche Fehler Harpo macht, Groucho wird immer noch an ihn glauben. Es scheint zu einem Versuch zu kommen, ‚was kann Harpo machen, dass nicht den Eindruck vermittelt, dass er ein Spiegelbild ist'. Aber Grouchos Verdacht hat sich zu einem unerschütterlichen Glauben entwickelt. Harpo hat alles andere vergessen, außer ein Spiegelbild für den Rest seines Lebens zu bleiben. Groucho, voll kooperierend , existiert nur, um Drehungen zu machen, die Harpo imitieren kann. So ist er zu einer Reflektion von Harpos Imitation einer Reflektion geworden. Es bleibt nichts übrig als zwei fröhliche, verwandte Geister, die sich für die Ewigkeit spiegeln. Die einzige Möglichkeit, in dieser Szene einen Sinn zu finden, ist sich an Grouchos verstörende Worte zu erinnern: ‚Ich bin noch nirgendwo gewesen' . Wenn wir akzeptieren, dass er nicht in dem Palast gewesen ist, dann ist es nur selbstverständlich anzunehmen, dass er auch nicht in Mrs. Teasdales Haus ist, und dass, was Harpo wirklich sieht, ist sein eigenes Spiegelbild. Ein wohnungsloser, neurotischer Typ, dessen ganze Welt zerstört

---

[24] Adamson, Joe: *Groucho, Harpo, Chico and sometimes Zeppo*, New York, 1974, S. 235.

worden ist, als Harpo den Spiegel zerstört.[25] Eine etwas gewöhnungsbedürftige Auslegung der Szene, aber bedenkenswert.

Eine ‚Spiegelszene' ist vielfach verwendet worden, aber die Marx Brothers haben sie nur hier in diesem Film gespielt (Harpo hat sie Anfang der 1950ger Jahre in der ‚Lucille Ball Show' im Fernsehen, mit Lucille Ball versucht zu wiederholen).

Es ist sehr selten, dass Groucho und Harpo in einer Szene zusammenspielen, ja sogar, dass sie die gegenseitige Existenz im Film auch nur anerkennen. Meistens Ist Chico als Interpret und Vermittler zwischen den Beiden dabei. Bezeichnenderweise verstummt Groucho in dieser Szene[26]. Warum sie dies hier, ohne die Anwesenheit eines ‚Straight Man' gemacht haben, ist vielleicht der Tatsache geschuldet, dass sie es eben noch nie gemacht hatten und es für sie auch etwas Neues darstellte[27].

4. Der Horror - das Groteske

Eigentlich keine Komödienkategorie, er wird hier aber in Form eine Kriegssatire eingesetzt. Wie Philipp Brunner schreibt:

„Eine Variante des Kriegsfilms, die sich der Erzählform der Satire bedient und mit den Mitteln des oft schwarzen Humors, der Ironie sowie des Sarkasmus, gelegentlich aber auch des Zynismus eine bittere Kritik am Krieg formuliert. Wie die Satire hat sie kein befreiendes, geschweige denn versöhnliches Lachen zum Ziel, sondern eines, das angesichts der Thematik im Hals stecken bleiben soll."[28]

Dies charakterisiert gut die abschließende Filmsequenz des Krieges zwischen den beiden Staaten und wird in der nächsten Kategorie weiter thematisiert.

Hierin wird auch das Groteske des Films sichtbar. Wie Carl Pietzker schreibt:

„Das Lachen ist zugleich ein Versuch des Ich, sich vor der Bedrohung und dem Grauen zu bewahren, und Distanz zu gewinnen. Es ist ein Selbstschutz, der das Grauen ertragen lässt. Grauen und Lachen werden in einem „zwiespältigen Zustand zwischen Engagement und

---

[25] Adamson, Joe: *Groucho, Harpo, Chico and sometimes Zeppo*, New York, 1974, S. 241f.
[26] Marx, Maxine: *Growing up with Chico*, Englewood Cliffs, New Jersey, USA, 1980, S. 60.
[27] Adamson, Joe: *Groucho, Harpo, Chico and sometimes Zeppo*, New York, 1974, S. 240.
[28] https://filmlexikon.uni-kiel.de/doku.php/k:kriegssatireii-6668?s[]=satire (abgerufen am 9.4.2022).

Distanz" , Betroffenheit und Amüsement erfahren. Diese Verbindung von Lachen und Grauen unterscheidet das Groteske von dem Komischen und dem Tragischen. Das Komische bewirkt befreiendes und befreites Lachen, weil es den komischen Widerspruch löst und den Rezipienten auf den Boden einer fraglosen und selbstverständlichen Weltorientierung zurückführt, wo er sich gesichert fühlen kann. Das Groteske dagegen mischt dem Lachen Grauen bei, weil es das bisher Fraglose und Selbstverständliche angreift, nicht aber herstellt wie das Komische; das Komische distanziert von dem Dargestellten, das Groteske distanziert ebenfalls von ihm, schafft aber zugleich eine emotionale Beziehung zu ihm."[29].

Der Horror des Kriegsgeschehens wird durch die Darstellungen der Marx Brothers und ihre komische Umsetzung, wie z. B. die verschiedenen Uniformen, die Groucho trägt oder Harpo mit seinem Werbeschild für Soldaten mitten auf dem Schlachtfeld (Abb. 29), ins Groteske verwandelt und durch ein Lachen, das zeigt, dass der Betrachter sowohl ernsthaft betroffen und distanziert zugleich ist, sich mit Grauen als verstrickt erfährt und zugleich mit Lachen von außen betrachtet[30] und somit distanzieren kann.

5. Die Parodie -die Persiflage -die Satire

Im Film werden einige Szenen, die vielen bekannt vorkommen dürften, persifliert. Dabei ist eine regelrechte Einordnung oft schwierig, da sie auch unter die Kategorien Parodie oder Satire fallen können.

Als Begriffsbestimmungen kann dienen:

*   Die Parodie ist das spöttische oder auch scherzhafte Nachahmen und die verzerrende Überzeichnung eines künstlerischen Werkes. Die Parodie kann sich auf Werke, Stile und Gattungen beziehen. Sie ahmt ein Werk entweder übertrieben, spottend nach oder bedient sich der Form des Werkes und befüllt diese mit eigenen, aber unpassenden, Inhalten.

---

[29] Pietzker, Carl: *Das Groteske*, Sonderdrucke aus der Albert-Ludwigs-Universität Freiburg, Originalbeitrag erschienen in: Otto F. Best (Hrsg.): Das Groteske in der Dichtung. Darmstadt: Wiss. Buchges., 1980, S. 97f.
[30] Pietzker, Carl: *Das Groteske*, Sonderdrucke aus der Albert-Ludwigs-Universität Freiburg, Originalbeitrag erschienen in: Otto F. Best (Hrsg.): Das Groteske in der Dichtung. Darmstadt: Wiss. Buchges., 1980, S. 98.

- Häufig verschwimmen hierbei die Grenzen zur Parodie und zur Satire, wobei eine Grenzziehung auch nicht immer möglich ist oder sinnvoll erscheint. Grundsätzlich lässt sich jedoch festhalten, dass die Satire – *wenn auch spöttisch* – vor allem kritisiert, die Parodie vornehmlich die Form imitiert, dabei aber wohlwollend erscheinen.
- Persiflage - übernimmt nicht die äußere Form einer Sache, sondern deren Inhalt, um diesen übertrieben darzustellen. Die Form kann demnach gänzlich anders erscheinen, als das ursprüngliche Werk, das als Grundlage diente, wobei die inhaltliche Ausgestaltung klare – *aber übertriebene* – Parallelen aufweist[31].

Die beiden Plakate[32] zum Film weisen schon auf den satirisch gemeinten Inhalt des Films hin. Als weiteres Beispiel dient die Auftrittsszene Grouchos. Sie wird mit großem Pomp, Soldaten in großer Uniform, Ballett, Nationalhymne und Gesang inszeniert. Noch heute sind solche Auftritte der sogenannten ‚Mächtigen' durchaus an der Tagesordnung. Ebenso die bei Mrs. Teasdale gefeierte Teegesellschaft, die, trotz der finanziellen Situation des Staates, in großem Stil stattfindet. Beide Ereignisse zeigen, wie abgehoben die sogenannte ‚Elite' in Freedonia ist. Die Szenen können als Satire eingestuft werden, da sie die Zustände im Staate kritisieren. Dabei wird gezielt gezeigt, wie die Wahrnehmung der ‚oberen Zehntausend' (hier wohl eher der oberen Tausend oder sogar ‚nur' Einhundert) den wahren Zustand in Freedonia, falsch eingeschätzt und er ihnen wohl auch einfach egal zu sein scheint.[33]

Außerdem fehlt Groucho jegliche demokratische Legitimität, da weder Parlament noch Volk von Freedonia zu seiner Ernennung befragt worden sind, noch dieser zugestimmt haben.

Die Auftritte der gezeigten aktuellen Mächtigen sind durchaus nicht so unähnlich dem Auftritt Grouchos, der aber am Ende komisch gebrochen wird. Allerdings kommen hier wohl in der Hauptsache die Kategorien ‚Persiflage' und ‚Satire' infrage, da es sich bei den Auftritten von Regierenden ja nicht (im eigentlichen Sinn) um künstlerische Werke handelt und ein solches gemäß der obigen Definition notwendig wäre.

---

[31]: https://wortwuchs.net/parodie/ (abgerufen am 7.4.2022).

[32] https://www.imdb.com/title/tt0023969/mediaviewer/rm3547531520/ (abgerufen am 22.4.2022); https://www.imdb.com/title/tt0023969/mediaviewer/rm2348273408/ (abgerufen am 22.4.2022). .

[33] Hiß, Guido: *Das Verlorene Buch – Geschichte und Theorie gespielter Komik von den Anfängen bis ins 18. Jahrhundert*, Oberhausen, 2019. S. 51.

Als satirisch können auch solche Szenen eingestuft werden, wie die Ernennung des Groucho bis dahin völlig unbekannten Erdnussverkäufers Chico zum Kriegsminister oder die Gerichtsszene, in der Groucho sowohl als Richter wie als Verteidiger Chicos auftritt und die damit das ‚unparteiische' Gerichtswesen im Staate herausstellt.

Eine Persiflage dagegen ist wohl die Szene, die mit Harpo am Beginn der Krieges gezeigt wird. Es handelt sich hierbei um eine veränderte Darstellung der Ereignisse um Paul Revere aus dem amerikanischen Unabhängigkeitskrieg, die in den USA sehr bekannt ist. Revere, ein Freiheitskämpfer, ritt am 18.4.1775 von Boston nach Cambridge (Mas), um die Einwohner vom Kommen der Briten zu unterrichten [34]. Diese Episode wurde in einem Gedicht von Henry Wadsworth Longfellow verewigt und mittlerweile ist auch eine Stadt nach Revere benannt worden. Der Ritt Harpos, der aber anders als bei Revere, in einem Bett endet, spielt auf diese Ereignisse an und wurde in Amerika sicher als Persiflage erkannt.

6. Tit for Tat

„Tit for tat" bedeutet frei übersetzt „Wie Du mir, so ich Dir.[35]

Die Strategie des tit for tat ist eine Eskalationsstrategie, die jede Beschädigung, die ein Spieler erfährt, mit einer Gegen-Beschädigung beantwortet. Die Bezeichnung ist auch für eine Routine in manchen Slapstickiaden üblich geworden, wenn die Akteure in einem begrenzten Szenario sich so lange demütigen und Gegenstände des anderen zerstören, bis die sächliche Ausstattung vollständig ruiniert ist.[36] Besonders perfektioniert haben diese Vorgehensweise Laurel und Hardy, aber in diesem Film demonstrieren Chico und Harpo, dass sie diese Strategie auch perfekt beherrschen. Die Szene beginnt mit einer Auseinandersetzung zwischen einem Limonadenverkäufer und den beiden, die neben seinem Stand einen Erdnuss-Stand vor dem Regierungsgebäude abgestellt haben und endet mit der Zerstörung des Hutes, den der Verkäufer trug. Die Szene geht am nächsten Tag noch weiter, als der Kaufmann, mit einem neuen Hut, erneut auf die beiden trifft. Der Hut endet wieder auf dem Feuer und Harpo sitzt auf dem

---

[34] https://bookophile.com/paul-revere-wahrheit-und-legende/ (Abgerufen am 7.4.2022).
[35] https://www.jbt.de/die-tit-for-tat-strategie-in-konflikten-verhandlungen/ (abgerufen am 2.4.2022).
[36] Hans Jürgen Wulff https://filmlexikon.uni-kiel.de/doku.php/t:titfortat-6307 (abgerufen am 2.4.2022).

Limonadenbehälter und hält seine Füße hinein, was den wartenden Kunden natürlich nicht gefällt.

Die Theorie ist bereits seit dem 16. Jahrhundert [37]und früher bekannt und dann in der Spieletheorie wissenschaftlich erklärt und weiterentwickelt worden, unter anderem in den sechziger Jahren des letzten Jahrhunderts von Anatol Rapoport, einem Professor an der Universität in Toronto.

7. Dada – Surrealismus - Farce

Der Einfluss, den die Filme der Marx Brothers auf den Surrealismus hatten, darf nicht unterschätzt werden. Ebenso werden sie mit der Bewegung des Dada in Verbindung gebracht.

Wie Peter Sloterdijk[38] in seiner ‚Kritik der zynischen Vernunft' postuliert:

> „Als Methodik des Bluffs (der Vortäuschung und Störung von Bedeutung) zeigt Dada auf ironische Weise, wie moderne Ideologie funktioniert: Werte schaffen und so tun, als ob man an sie glaubt und dann zu zeigen, dass man nicht die geringste Absicht hat, an sie zu glauben. Mit dieser Selbstauflösung der Weltanschauung verrät Dada den Modus Operandi des modernen Bewusstseins mit all seinen notorischen Bedeutungsschwindeleien."

Groucho demonstriert in seiner Erklärung der Gesetze seiner Regierung genau diese Differenz zwischen den Werten seiner Politik und deren sofortiger Negierung. Wie Hoberman feststellt, wäre dieses Manifest auch in Alfred Jarrys ‚*Ubu Roi*' denkbar, besonders, was die leichtsinnige Haltung den Erschießungen gegenüber anlangt[39].

---

[37] Ein sehr frühes Beispiel aus Island:
„Der Freund soll dem Freunde Freundschaft gewähren
Und Gabe gelten mit Gabe.
Hohn mit Hohn soll der Held erwidern,
Und Losheit mit Lüge."–
Ältere Edda: Hávámal (https://dewiki.de/Lexikon/Tit_for_Tat#cite_note-8) (abgerufen am 2.4.2022).

[38] Sloterdijk, Peter: *Critique of Cynical Reason*, in: Theory and History of Literature, Vol.40, Minnesota, 200, p. 401.
[39] Hoberman, James: *Duck Soup*, British Film Institute Film Classics, London 2021.

Eugene Ionescu hat die Marx Brothers als den größten Einfluss auf sein Werk bezeichnet[40] und auch Antonin Artaud äußerte sich dem entsprechend:

‚if there is a definite characteristic, a distinct poetic state of mind that can be called surrealism, then Animal Crackers participated in that state altogether…a kind of exercise of intellectual freedom in which the unconscious of each of the characters, repressed and habits, avenges itself and us at the same time‘[41].

Die Freundschaft zwischen Salvador Dali und Harpo[42], der wohl einer der größten Fans von Harpo war, ist vielfach dokumentiert und kulminierte in mehreren Treffen der beiden und einer geplanten Zusammenarbeit, die aber leider nicht realisiert wurde.[43].

Samuel Beckett gab die ‚Hüte- Wechsel'- Episode zwischen Chico, Harpo und dem Limonadenverkäufer, als Anregung für eine Szene im 2. Akt von ‚*Warten auf Godot'* an[44].

Der Film könnte aber auch als ‚Farce' interpretiert werden. Seit dem 19. Jahrhundert erscheint die Farce als selbständige Untergattung der Komödie vor allem in Frankreich . Die teilweise ins Groteske übertriebene Farce zeigt eine aus den Fugen geratene Gesellschaft und die Brüchigkeit aller Konventionen. Sie kann daher als ein Vorläufer des absurden Theaters gelten, das Mitte des 20. Jahrhunderts populär wurde[45].

Howe schreibt dazu:

„In der Farce gibt es nur wenige metaphysische Tröstungen oder veredelnde Ziele, jedenfalls nicht solche, wie wir sie der Komödie zuschreiben; es gibt nur die Herabsetzung oder die soziale Zerstörung, die die Welt genüsslich demontiert"[46],

---

[40] Hoberman, James: *Duck Soup*, British Film Institute Film Classics, London 2021.
[41] Antonin Artaud: *The Theater and its Double*, Mew York, 1958, pp. 140-2, zitiert in Hoberman, James: Duck Soup, British Film Institute Film Classics, London 2021.
[42] https://themarxbrotherssource.tumblr.com/post/10332221007/harpo-marx-and-salvador-dali (abgerufen am 29.3.2022).
[43] https://holbachinstitut.wordpress.com/tag/harpo-marx/ (abgerufen am 29.3.2022); https://www.faz.net/aktuell/feuilleton/kunstmarkt/kommentare-glossen/dali-und-die-marx-brothers-giraffen-in-salat-aus-pferd-1853741.html (abgerufen am 29.3.2022); https://taz.de/!753229/ (abgerufen am 29.3.2022).
[44] Knowlson, James: *Damned to Fame,- The Life of Samuel Beckett'*, New York, 1997, S. 609.
[45] https://www.wissen.de/lexikon/farce-literatur (abgerufen am 1.5.2022).
[46] Howe, Irving: *Farce and Fiction*, in: The Threepenny Review , Autumn, 1990, No. 43 (Autumn, 1990), S. 5.

wie es die Brüder Marx bis zur Vollendung betreiben.

„Die Komödie spricht dabei für die Zivilisation, die Farce hegt eine schlecht verdeckte, manchmal auch unverhohlene Abneigung gegen die Zivilisation. Oft auch gegen die Höflichkeit."[47] *..." Dies ist eines der Kennzeichnen für Grouchos Umgang mit den anderen Personen des Films. Wobei in der Farce individuelle Charakterisierungen nicht verwendet werden und sie außerdem viel Wert auf visuelle Effekte legt"*[48],

was gerade bei Harpos Typendarstellung der Fall ist.

Dadurch ist der Film ebenfalls als Farce einzuschätzen, wenn er auch, im Gegensatz zu dieser durchaus eine durchgehende Handlung aufweist.

F.   Welche Bedeutung hat der Filmtitel?

Auf die Frage hatte Groucho diese Erklärung:

„Take two turkeys, one goose, four cabbages, but no duck, and mix them together. After one taste, you'll duck soup the rest of your life" [49].

Der Begriff bedeutet aber eigentlich in der Übersetzung: ‚ein Kinderspiel, ein Klacks'.[50] Außer dem früheren Film von Laurel und Hardy, hat der Titel noch weitere Nutzung auf verschiedenen Gebieten erfahren[51] (Anhang 3).

G.   Welche Bedeutung hat die Musik in Duck Soup?

Im Trailer wird der Film als 'Musical Show' angekündigt. Allerdings sind nur wenige Musiknummern in dem Film enthalten (Anhang 4). Die Titelmusik und den Abspann kann man nicht mit berechnen und dann finden sich nur drei Musiktitel im ganzen Film: das Auftrittslied von Groucho, begonnen von Zeppo, die Nationalhymne von Freedonia und die Kriegsbegeisterung aller, zu der sich die Gerichtsszene verwandelt. Übrigens das einzige Lied, in

---

[47] Howe, Irving: *Farce and Fiction*, in: The Threepenny Review , Autumn, 1990, No. 43 (Autumn, 1990), S. 5.
[48] Howe, Irving: *Farce and Fiction*, in: The Threepenny Review , Autumn, 1990, No. 43 (Autumn, 1990), S. 5.
[49] Adamson, Joe: *Groucho, Harpo, Chico and sometimes Zeppo*, New York, 1974, S. 274.
[50] *„duck soup"* beim Online-Wörterbuch Wortbedeutung.info URL: *https://www.wortbedeutung.info/duck_soup/* (abgerufen am 21.4.2022).
[51] https://de.wikipedia.org/wiki/Duck_Soup (abgerufen am 4.4.2022).

dem alle vier Brüder singen (bzw. im Falle von Harpo vielleicht so tun, als ob). Die einzige Anspielung auf, die in Marx-Filmen eigentlich typischen, Klavier- und Harfenszenen ist in einem kurzen Shot vor der Spiegelszene zu sehen. Ansonsten sind nur die Fanfaren und das unkaputtbare Radio als Toneffekt zu hören.

Als Musical im heutigen Sinne ist der Film nicht zu verstehen. Weiterentwickelt aus Opern- und Operettenverfilmungen stehen bei Musical, wie z. B. der West Side Story, Tanz und Gesang im Mittelpunkt der Filme. Dies ist hier aber eindeutig nicht der Fall. Vielmehr stammen diese musikalischen Einschübe aus der Tradition des Vaudeville.

Vaudeville, in der US-amerikanischen Version, bestand aus einer temporeichen Zusammenstellung gemischter Nummern in der Art eines Varietés. Es hatte keine in sich geschlossene Handlung, sondern ein **Nummernprogramm** mit bis zu 15 nicht verbundenen Auftritten, u.a. von Zauberern, Akrobaten, Komödianten, Tieren, Jongleuren, Sängern und Tänzern und war bis in die 1930ger Jahre sehr beliebt.[52] Auch die Marx Brothers hatten viele Jahre lang im Vaudeville gespielt und bis zu einem bestimmten Zeitpunkt, als der engagierte Sänger zu viel Gage verlangte, immer Außenstehende in ihre Nummern eingeschlossen. Als es zu dem Streit kam, beschlossen die Brüder, dass Groucho den Gesangspart zusätzlich übernehmen sollte, aber wie bei den Brüdern üblich, entwickelte sich bald eine chaotische Situation, die verhinderte, dass das Lied zu Ende gebracht werden konnte.[53] Damit waren diese Einlagen fremder Mitwirkender für die Marxens Geschichte.

In Duck Soup sind die Lieder für die Brüder nur ein Tribut an diese Zeit und für die Erwartung des Publikums. Sie dienen der Auflockerung des ernsthaften Hintergrundes und sind aber gleichzeitig eine Möglichkeit andere Seiten ihrer Kunst zu zeigen. Ich würde Duck Soup als Film mit musikalischen Einlagen betrachten.

H. Revival

Obwohl der Film ursprünglich nicht so erfolgreich war, wie die ersten Filme und letztlich dazu führte, dass Paramount den Vertrag mit den Marx Brothers auslaufen ließ (er war 1933 ‚nur' der

---

[52] https://www.britannica.com/art/vaudeville (abgerufen am 30.4.2022).
[53] Marx, Groucho: Groucho and me, New York, 1959, S. 152ff.

fünft erfolgreichste Film des Studios), verschwand der Film nicht in den Tiefen eines Archivs. Bereits nach dem Ende des spanischen Bürgerkrieges (1936-1939) erfreute er sich großer Beliebtheit bei der unterlegenen Arbeiterschaft, die ihn vermutlich als nihilistische Attacke auf die Politik oder als anti-faschistische Satire auffassten.

1940 wurde er im MOMA (*Museum of Modern Art*, New York) gezeigt und im Rahmen von Filmreihen klassischer Filme immer wieder aufgeführt[54]. Churchill wollte wohl, gerüchteweise, erst den Film zu Ende sehen, bevor er sich mit der Landung von Heß beschäftigte[55].

Dieses Revival des Films verstärkte sich in den 1960ger Jahren. So gab John Lennon *Duck Soup* als Modell für das Album ,Help!' (1965) an[56]. Bei den Unruhen der französischen Studenten 1967 wurde ein Banner mit der Anspielung auf Groucho gezeigt [57].

Das Revival des Films (und der anderen Filme der Marx Brothers) in Deutschland geschah ebenfalls zum größten Teil 1967 und danach, viele davon im WDR, der auch die meisten Synchronisationen in Auftrag gegeben hatte.

Es stellt sich natürlich die Frage, wieso dies so spät geschah.

Einige Vermutungen dazu sind zum einen

> - das Dritte Reich, in dem Filme mit vier jüdischen Hauptdarstellern zu zeigen unmöglich war. Mussolini soll den Film verboten haben, da er ihn als ,persönliche ,Beleidigung' betrachtete[58]. Einige Datenangaben von Aufführungen 1940/1941 scheinen unter den gegebenen Umständen falsch zu sein, außer Hitler hat sich die Filme privat angesehen, was er mit Filmen von Chaplin angeblich getan haben soll. Jedenfalls gab es Kopien, auch vom ,Großen Diktator', im Reichsfilmarchiv, wo er mehrfach ausgeliehen worden ist. Ob auch von Hitler kann, nicht mehr geklärt werden.[59]
> - die deutsche Sehnsucht nach den Schrecken des 2. Weltkrieges nach heiler Welt mit sicheren Lebenssituationen oder Gegebenheiten, die sich auf ein Happy End hin

---

[54] Hoberman, James: *Duck Soup*, British Film Institute Film Classics, London 2021.
[55] https://www.spiegel.de/kultur/chuzpe-unter-bruedern-a-62a30b23-0002-0001-0000-000045441088 (abgerufen am 4.4.2022).
[56] Andrew Sarris: ,*The Marx Brothers tried to be mad in a sane world, whereas the Beatles try to be sane in a mad world*' zitiert in Hoberman, James: *Duck Soup*, British Film Institute Film Classics, London 2021, Anmerkung 63.
[57] https://twitter.com/darrenrichman/status/898991900623024128 (abgerufen am 7.4.2022).

[58] https://www.chicagotribune.com/news/ct-xpm-1997-09-19-9709190242-story.html (abgerufen am 4.4.2022).
[59] https://www.cicero.de/kultur/charlie-chaplin-und-die-deutschen/48851 (abgerufen am 9.4.2022).

abschließen ließen, wie z.b. die Heimatfilme, Operettenverfilmungen, die *Sisi*-Verfilmungen oder *,Die Mädels vom Immenhof'*, die sich immer noch eines großen Zuspruchs erfreuen können.

➢ das leidige Synchronisationsverlangen der Deutschen. Ich muss zugeben, dass der schnelle Wortwitz Grouchos und die Wortspielereien auch für Menschen mit einigermaßen guten Kenntnissen der englischen Sprache, schwer zu verstehen sein können. Aber es ist in Deutschland Usus, praktisch alle fremdsprachigen Werke zu übersetzen und zu synchronisieren, was sich bei den Filmen der Marx Brothers schwierig gestaltet. Vor allem die Schnelligkeit Grouchos und der Akzent Chicos, die viel zu den Wortspielereien beitragen, kongenial zu übersetzen und zu sprechen, ist problematisch. Das hat auch der frühe, gescheiterte Versuch Anfang der 1950ger Jahre gezeigt, der im Kino floppte. Bis heute sind noch nicht alle Filme synchronisiert und werden nur mit Untertiteln gezeigt. Eine Lösung, die meines Erachtens sehr zu empfehlen ist, da dabei die Originalstimmen erhalten bleiben.

In der DDR wurden zum Teil Neusynchronisierungen im TV erst ab 1985 gezeigt[60].

Die unruhigen Zeiten der 1967ger und folgenden Jahre ließen wohl die Verantwortlichen vor allem im WDR zu dem Schluss kommen, dass nun endlich wenigstens ein Teil der Bevölkerung bereit war, für den anarchistischen Humor der Marxens. Die Nachricht von den Erstaufführungen nach mehr als 30 Jahren war selbst der New York Times ein Bericht wert[61].

I.   Erneute Aktualität

Der Film hat in der heutigen Zeit nach fast 90 Jahren eine erschreckende erneute Aktualität gewonnen. Mir war zuerst ein möglicher Vergleich eingefallen, aber nach dem Lesen von James Hobermans Buch wurde mir ein 2. Vergleich klar. Da dieser zeitlich etwas älter ist, beginne ich damit.

1.   Gemeinsamkeiten zwischen Rufus T. Firefly und Donald J. Trump:

---

[60] https://www.spiegel.de/kultur/chuzpe-unter-bruedern-a-62a30b23-0002-0001-0000-000045441088 (abgerufen am 4.4.2022).
[61] https://timesmachine.nytimes.com/timesmachine/1967/02/13/90264339.html?pageNumber=66 /abgerufen am 4.4.2022).

"In many ways, Firefly's ... ludicrous personality places him beyond comparison, but Trump might be the exception. Like Firefly, he's a nonpolitician who is unable to conform to presidential standards of solemnity and competence. Both dismiss the advice of establishment figures, are too distracted with personal grievances to delve into policy details and have checkered histories of reneging on promised payments. Even their physical characteristics bear some resemblance, with Trump's preposterous hairdo standing in for Groucho's equally preposterous greasepaint mustache. They wear their deceptions right on their faces.... but the most obvious overlap between Trump and Firefly comes from their pathological compulsion to belittle any perceived rivals and then refuse to apologize or back down. Whether it's slapping an ambassador or berating the parents of a fallen soldier, they consistently favor entrenchment over contrition, even when presented with opportunities to right the course. Their outsized, deeply rooted personas render them seemingly incapable of restraining."[62]

1933 erschien *Duck Soup* ernsthaften Kritikern als eine leichtfertige Antwort auf den Aufstieg des europäischen Faschismus. In den späten 1960ger Jahren sprach der Film die Jugendkultur an, als eine offene Lächerlichmachung der Politik, des Nationalismus und des sinnlosen Krieges. Dabei darf nicht vergessen werden, dass Trump auch ein Produkt der 60ger Jahre ist. Ein halbes Jahrhundert später erscheint *Duck Soup* als eine beunruhigend vorausschauende, wenn auch parodistische Vision, einer Diktatur des Showbusiness, die Amerika erreicht hat. Trumps offensichtliches gesetzloses Verhalten während und nach der Wahl 2020, mag unheimlicher erscheinen als Fireflys unverschämtes Verhalten als Freedonias Führer. Dennoch kann man Trumps Schaustellerei nicht verleugnen. Wie die amerikanische Demokratie ihre Unschuld verloren hat, so hat *Duck Soup* vielleicht ihre innere Bedeutung sichtbar gemacht[63].

2. Analogie des Filmes zwischen Botschafter Trentino und Wladimir Putin:

Diese ist erst in den letzten Wochen so deutlich geworden, hat mich aber ursprünglich bewogen den Film für das Seminar vorzuschlagen.

---

[62] Luke Epplin: *What the Marx Brothers' Duck Soup Can Teach Us About Trump*
https://slate.com/culture/2016/08/what-the-marx-brothers-duck-soup-can-teach-us-about-trump.html
(abgerufen am 28.3.2022).
[63] Hoberman, James: *Duck Soup*, British Film Institute Film Classics, London 2021

Beide Männer versuchen mit den verschiedensten Methoden einen kleineren Nachbarstaat zu unterwerfen oder (in Putins Fall vielleicht) ihn in den eigenen Staat einzugliedern. Wobei es Putin bereits gelungen ist, zum Zeitpunkt dieser Arbeit, Teile der Ukraine abzuspalten und zu besetzen.

Beide Männer benutzen für ihre Vorhaben mehr oder weniger erfolgreich Spione (Marcal und Chico/Harpo) und haben versucht, einen Umsturz der Regierung oder einen Aufstand der Bevölkerung auszulösen[64]. In beiden Fällen sind sie gescheitert. Danach greifen sie zum letzten Mittel, dem Krieg. Im Falle Trentinos genügen dazu einige kleine Beleidigungen durch Firefly, in Putins Fall vermutlich ,Fake News' über eine angebliche faschistische Regierung in der Ukraine, die russischstämmige Mitbürger verfolgen soll. Wie der Krieg im Fall Sylvanias ausgeht, ist bekannt, wie er in Putins Situation beendet werden kann, ist leider noch nicht absehbar.

Aber die Analogien finde ich erschreckend und auf die Aktualität, die der Film dadurch wieder erlangt hat, hätten vermutlich die meisten Menschen gerne verzichtet.

J.   Grouchos Meinung zum Film:

„In our early pictures we were hilariously funny fellows, knocking over the social mores and customs of our times, but with each succeeding picture the recipe slipped just a bit. The reason we switched from being anarchistic in our humor to being semi-lovable was simply a matter of money" [65]

In spätere Zeit gefragt nach dem Film, der ihm am besten gefiel, antwortete er einfach: *„Duck Soup. McCarey directed it"*[66]

In Anhang 5 beschreibt Daniel Griffin, wie sich die Ansichten Grouchos zur Bedeutung des Films mit der Zeit verändert haben.

---

[64] https://newstextarea.com/deutsch/russland-ist-bereit-schlaferzellen-zu-entfesseln-und-ein-marionettenregime-zu-installieren-um-die-kontrolle-uber-die-ukraine-zu-ubernehmen-warnen-geheimdienstinformationen/ (abgerufen am 28.3.2022); https://www.n-tv.de/mediathek/videos/politik/Politikexperte-zum-Ukraine-Krieg-Idee-einer-Marionettenregierung-hat-sich-erledigt-article23169766.html (abgerufen am 28.3.2022).

[65] Adamson, Joe: *Groucho, Harpo, Chico and sometimes Zeppo*, New York, 1974, S. 248
[66] Adamson, Joe: *Groucho, Harpo, Chico and sometimes Zeppo*, New York, 1974, S. 248.

K. Zusammenfassung

Nach einem langsamen Start wurde der Film mit den Jahren immer beliebter und gilt mittlerweile als einer der besten Marx Brothers Filme. Er wurde vor allem für seine Antifaschistischen Ansichten bekannt. Woody Allen sagte dazu:

„ There are very few comedies in the world and even the greatest have longneur in them. There's no way out. ... Once in a while you hit on something like Duck Soup that has practically no dead spots in it. If you were asked to name the best comedies ever made, and you named 'The Gold Rush' and 'The General' and a half dozen others, Duck Soup is the only one that really doesn't have a dull spot."[67]

Es ist schwierig, ein so komplexes Werk wie *Duck Soup* zusammenfassend zu beschreiben. Wir haben hier sowohl eine anarchistische, chaotische Komödie, wie eine Satire auf die Herrschaft einer kleinen superreichen Clique, den Populismus und Faschismus, sowie auf die Schrecken eines Krieges, verbunden mit Persiflage-artigen Einlagen. Außerdem hat sich in den letzten Jahren gezeigt, dass der Film auch eine Zukunftsversion darstellt, die erschreckend ist und leider mittlerweile auch teilweise Realität wurde. Auf diesen Aspekt hätten wohl die meisten Menschen gerne verzichtet.

Es gibt wohl keine andere Truppe von Komikern, die in der Lage gewesen wäre, einen solchen Film zu gestalten, was in der großen Diversität der dargestellten Typen begründet ist. Andere Komiker der Zeit deckten hauptsächlich eines oder zwei der verschiedenen charakteristischen Merkmale ab, wohingegen die Marx Brothers schon durch ihre Anzahl, eine größere Vielzahl der Möglichkeiten hatten. Auch heute sehe ich keine Komiker, die in dieser Hinsicht den Marxens ähnlich sind. Sie sind m.E. einzigartig in der Geschichte der Komödien.

Die Marx Brothers sind einfach gut darin, Dinge gut zu tun, die niemand anderes gut tun kann.[68]

---

[67] Zitiert in: Arce, Hector: *Groucho*, New York, 1979, S.213.
[68] Adamson, Joe: *Groucho, Harpo, Chico and sometimes Zeppo*, New York, 1974, S. 240.

Anhang 1

Die Filme der Marx Brothers:

Drehjahr	Deutscher Titel	Originaltitel	Deutsche Premiere
1929	The Cocoanuts (OmU)	The Cocoanuts	1967
1930	Animal Crackers	Animal Crackers	2003
1931	Die Marx Brothers auf See	Monkey Business	1967
1932	Blühender Blödsinn	Horse Feathers	1967
1933	**Die Marx Brothers im Krieg**	Duck Soup	**1967**
1935	Skandal in der Oper	A Night at the Opera	**1973**
1937	Die Marx Brothers: Ein Tag beim Rennen	A Day at the Races	**1967**
1938	**Room Service (OmU)**	**Room Service**	**1970**
1939	Die Marx Brothers im Zirkus	At the Circus	**1976**
1940	Go West	Go West	**1967**
1941	Die Marx Brothers im Kaufhaus	The Big Store	**1967**
1946	Eine Nacht in Casablanca	A Night in Casablanca	**1977**
1949	Love Happy (OmU)	Love Happy	**1981**

Verleihfirmen:

Paramount

Metro-Goldwyn-Meyer

RKO-Pictures

Anhang 2

Besetzungsliste:

- Groucho Marx: Rufus T. Firefly
- Harpo Marx: Pinky
- Chico Marx: Chicolini
- Zeppo Marx: Bob Roland
- Margaret Dumont: Gloria Teasdale
- Louis Calhern: Botschafter Trentino
- Raquel Torres: Vera Marcal
- Edgar Kennedy: Limonadenverkäufer
- Charles Middleton: Ankläger
- Edmund Breese: Ex-Präsident Zander
- Edwin Maxwell: Ex-Kriegsminister

Regie: Leo McCarey

Dauer zwischen 68 und 70 Minuten

Anhang 3

Andere Nutzungen des Filmtitels:

- Leichte Beute *(Duck Soup)*, US-amerikanische Kurzfilmkomödie des Regisseurs Fred L. Guiol aus dem Jahr 1927 mit Laurel und Hardy

- **Die Marx Brothers im Krieg *(Duck Soup)*, US-amerikanische Filmkomödie des Regisseurs Leo McCarey aus dem Jahr 1933**

- Duck Soup (1942) *(Duck Soup)*, US-amerikanische Kurzfilmkomödie des Regisseurs Ben Holmes aus dem Jahr 1942

- Duck Soup (2008) *(Duck Soup)*, australisches Kurzfilmdrama der Regisseurin Kathryn Goldie aus dem Jahr 2008

- Duck Soup to Nuts, US-amerikanischer Zeichentrickkurzfilm des Regisseurs Friz Freleng aus dem Jahr 1944

- Duck Soup Studios, eine US-amerikanische Filmproduktionsfirma

Anhang 4

1. Main Title - Music and lyrics by: Bert Kalmar, Harry Ruby
2. *His Excellency Is Due* - Music and lyrics by: Bert Kalmar, Harry Ruby
3. *Hymn to Freedonia* - Music and lyrics by: Bert Kalmar, Harry Ruby
4. *Freedonia Is Going To War* - Music and lyrics by: Bert Kalmar, Harry Ruby
5. End Title - Music and lyrics by: Bert Kalmar, Harry Ruby

Anhang 5

„*I've always been on the fence about this one. In my write-up, of course, I argue that even if the Marxes didn't intend any deeper significance, one still exists that its longevity has created. And of course, it's impossible to tell when Groucho is being sarcastic and when he isn't. But that he communicated with T. S. Eliot, Antonin Artaud, Dalí, etc., all who praised the Brothers' work, means that he was at least aware of the various readings of the film, and he engaged them on some level. I suspect that his outspoken opinion of Duck Soup simply changed over time. While the Brothers were still active, they were infamously embarrassed by the Paramount films—hard to believe it, but there was a time when the Thalberg collaborations were actually considered better. Perhaps the 'four Jews trying to get a laugh' comment was a dismissive one he made towards that era in general. Towards the end of his lifetime, critics reexamined the Paramounts and embraced them, and perhaps this gave Groucho incentive to finally admit that the film indeed was an intentional, biting satire. But who knows? Part of the charm of the Marx Brothers is that it's impossible to know where they're channeling.*"

'Film as Art' – Daniel Griffin's Guide to Cinema

https://archive.ph/20121212105659/http://uashome.alaska.edu/~dfgriffin/website/Q&A.htm (abgerufen am 21.4.2022).

Literaturverzeichnis

Adamson, Joe: *Groucho, Harpo, Chico and sometimes Zeppo*, New York, 1974.

Arce, Hector: *Groucho*, New York, 1979.

Bergson, Henri: *Das Lachen*, Jena, 1914.

Ellis, Allen W.: *Yes, Sir: The Legacy of Zeppo Marx,* The Journal of Popular Culture, Vol. 37, No.1, 2003.

Hoberman, James: *Duck Soup*, British Film Institute Film Classics, London 2021.

Hiß, Guido: *Das Verlorene Buch – Geschichte und Theorie gespielter Komik von den Anfängen bis ins 18. Jahrhundert,* Oberhausen, 2019.

Howe, Irving: *Farce and Fiction*, in: The Threepenny Review , Autumn, 1990, No. 43, pp. 5-6.

Hui, Isaac: *The Comedy of the "Para- site" Duck Soup, Volpone, and Hamlet*, in: The Comparatist , Vol. 40 (OCTOBER 2016),University of North Carolina Press, S.170-189

Knowlson, James: *Damned to Fame,- The Life of Samuel Beckett'*, New York, 1997.

Marx, Groucho: *The Groucho Letters*, London, 1974.

Marx, Groucho mit Anobile, Richard: *The Marx Bros. Scrapbook*, New York, 1973.

Marx, Groucho: *Groucho and me*, New York, 1959, 1995.

Marx, Harpo mit Barber, Rowland : *Harpo speaks*, London, 1976.

Marx, Maxine: *Growing up with Chico*, Englewood Cliffs, New Jersey, USA, 1980.

Pietzker, Carl: *Das Groteske*, Sonderdrucke aus der Albert-Ludwigs-Universität Freiburg, Originalbeitrag erschienen in: Otto F. Best (Hrsg.): Das Groteske in der Dichtung. Darmstadt: Wiss. Buchges., 1980, S. [85] – 102.

Sloterdijk, Peter: *Critique of Cynical Reason*, in: Theory and History of Literature, Vol.40, Minnesota, 2001.

The 4 Marx Brothers: 'Monkey Business' – 'Duck Soup' , Transkripte der Filmtexte, London, 1972.

Das Buch von James Hoberman lag nur als E-Book ohne Seitenangaben vor.

DVD: Die Marx Brothers im Krieg, Universal, 820 607-2 . 18, ISBN 5-050582-060-7-20

Internet:

https://www.britannica.com/art/vaudeville (abgerufen am 27.3.2022).

https://whoswho.de/bio/joseph-francis-keaton.html (abgerufen am 27.3.2022).

Luke Epplin: What the Marx Brothers' *Duck Soup* Can Teach Us About Trump

https://slate.com/culture/2016/08/what-the-marx-brothers-duck-soup-can-teach-us-about-trump.html (abgerufen am 28.3.2022)

https://holbachinstitut.wordpress.com/tag/harpo-marx/ (abgerufen am 29.3.2022).

https://www.faz.net/aktuell/feuilleton/kunstmarkt/kommentare-glossen/dali-und-die-marx-brothers-giraffen-in-salat-aus-pferd-1853741.html (abgerufen am 29.3.2022).

https://taz.de/!753229/ (abgerufen am 29.3.2022).

https://themarxbrotherssource.tumblr.com/post/10332221007/harpo-marx-and-salvador-dali (abgerufen am 29.3.2022).

https://www.jbt.de/die-tit-for-tat-strategie-in-konflikten-verhandlungen/ (abgerufen am 2.4.2022).

Hans Jürgen Wulff https://filmlexikon.uni-kiel.de/doku.php/t:titfortat-6307 (abgerufen am 2.4.2022).

https://dewiki.de/Lexikon/Tit_for_Tat#cite_note-8 (abgerufen am 2.4.2022).

https://www.spiegel.de/kultur/chuzpe-unter-bruedern-a-62a30b23-0002-0001-0000-000045441088 / (abgerufen am 3.4.2022).

https://de.wikipedia.org/wiki/Duck_Soup (abgerufen am 4.4.2022).

https://www.spiegel.de/kultur/chuzpe-unter-bruedern-a-62a30b23-0002-0001-0000-000045441088 (abgerufen am 4.4.2022).

https://timesmachine.nytimes.com/timesmachine/1967/02/13/90264339.html?pageNumber=66 /abgerufen am 4.4.2022).
https://www.chicagotribune.com/news/ct-xpm-1997-09-19-9709190242-story.html (abgerufen am 4.4.2022).

https://wortwuchs.net/parodie/ (abgerufen am 7.4.2022).

https://twitter.com/darrenrichman/status/898991900623024128 (abgerufen am 7.4.2022).

https://bookophile.com/paul-revere-wahrheit-und-legende/ (Abgerufen am 7.4.2022).

https://www.cicero.de/kultur/charlie-chaplin-und-die-deutschen/48851 (abgerufen am 9.4.2022).

https://filmlexikon.uni-kiel.de/doku.php/k:kriegssatireii-6668?s[]=satire (abgerufen am 9.4.2022).

https://www.bridgemanimages.com/de/noartistknown/la-soupe-au-canard-duck-soup-de-leomccarey-avec-les-marx-brothers-de-haut-en-bas-groucho-marx-zeppo/nomedium/asset/1706818 (abgerufen am 13.4.2022).

https://pippiroo-blog.tumblr.com/post/10134556258/harpo-adolpharthur-marx (abgerufen am 18.4.2022).

https://archive.ph/20121212105659/http://uashome.alaska.edu/~dfgriffin/website/Q&A.htm (abgerufen am 21.4.2922).

„duck soup" beim Online-Wörterbuch Wortbedeutung.info (abgerufen am 21.4.2022) URL: https://www.wortbedeutung.info/duck_soup/ .

https://www.imdb.com/title/tt0023969/mediaviewer/rm3547531520/ (abgerufen am 22.4.2022)

https://www.imdb.com/title/tt0023969/mediaviewer/rm2348273408/ (abgerufen am 22.4.2022).

https://filmschreiben.de/standardsituationen-und-wie-daraus-unvergessliche-filmszenen-werden-teil-1/ (abgerufen am 30.4.2022).

https://www.britannica.com/topic/Marx-Brothers (abgerufen am 30.4.2022).

https://www.wissen.de/lexikon/farce-literatur (abgerufen am 1.5.2022).

https://newstextarea.com/deutsch/russland-ist-bereit-schlaferzellen-zu-entfesseln-und-ein-marionettenregime-zu-installieren-um-die-kontrolle-uber-die-ukraine-zu-ubernehmen-warnen-geheimdienstinformationen/ (abgerufen am 28.3.2022).

https://www.n-tv.de/mediathek/videos/politik/Politikexperte-zum-Ukraine-Krieg-Idee-einer-Marionettenregierung-hat-sich-erledigt-article23169766.html (abgerufen am 28.3.202).

https://www.dwds.de/wb/para- (abgerufen am 28.3.2022).

Milton Keynes UK
Ingram Content Group UK Ltd.
UKHW011114280823
427620UK00004B/370